Planung für ein Beweglichkeitstraining

GRIN

Bibliografische Information der Deutschen Nationalbibliothek:

Die Deutsche Nationalbibliothek verzeichnet diese Publikation in der Deutschen Nationalbibliografie; detaillierte bibliografische Daten sind im Internet über http://dnb.d-nb.de abrufbar.

ISBN: 9783346652669
Dieses Buch ist auch als E-Book erhältlich.

© GRIN Publishing GmbH
Trappentreustraße 1
80339 München

Druck und Bindung: Books on Demand GmbH, Norderstedt Germany
Gedruckt auf säurefreiem Papier aus verantwortungsvollen Quellen

Das vorliegende Werk wurde sorgfältig erarbeitet. Dennoch übernehmen Autoren und Verlag für die Richtigkeit von Angaben, Hinweisen, Links und Ratschlägen sowie eventuelle Druckfehler keine Haftung.

Das Buch bei GRIN: https://www.grin.com/document/1217845

Deutsche Hochschule für

Prävention und Gesundheitsmanagement

Hermann Neuberger Sportschule 3

66123 Saarbrücken

Einsendeaufgabe

Fachmodul: Trainingslehre III

Studiengang: Bachelor of Arts Fitnessökonomie

Inhaltsverzeichnis

1 Personendaten

Im Folgenden werden die allgemeinen Daten über den Probanden, sowie dessen Gesundheitszustand und seine Trainierbarkeit erhoben, da diese elementar für die Trainingsplanerstellung sind.

Tab. 1: Allgemeine Daten (eigene Darstellung)

Parameter	Daten
Alter	24 Jahre
Geschlecht	Männlich
Körpergröße	174 cm
Körpergewicht	73,5 kg
Trainingsmotive	Leistungssteigerung im Kraftsport, Erhalt der Beweglichkeit und Koordinationsfähigkeit
Berufliche Tätigkeit	Dualer Student
Aktuelle und frühere sportliche Aktivitäten	Aktuell: Kraftsport (vom 16. – 24. Lebensjahr) -Leistungsstufe: Fortgeschritten -Trainingsumfang 4 Trainingseinheiten pro Woche in einem Splittrainingsplan zu je 60 bis 90 Minuten Früher: Leichtathletik (vom 7. - 16. Lebensjahr) -Leistungsstufe: Fortgeschritten -Trainingsumfang 2 - 3 Trainingseinheiten von 90 Minuten pro Woche Radfahren (vom 7. – 20. Lebensjahr) -Leistungsstufe: Amateur (Anfänger) -Trainingsumfang 1 Trainingseinheit pro Woche zu 60 Minuten
Zeitlicher Verfügungsrahmen	4 Mal pro Woche zu jeweils 2 Stunden

Tab. 2: Daten über den allgemeinen Gesundheitszustand (eigene Darstellung)

Parameter	Daten
Orthopädische Probleme	Keine
Internistische Probleme	Keine
Ärztliche Behandlung	Nein
Einnahme von Medikamenten	Nein
Sonstige gesundheitliche Probleme	Nein

In Bezug auf die physische Trainierbarkeit der Person ist festzustellen, dass es keinerlei offensichtliche Einschränkungen gibt. Unter dem Aspekt der Trainierbarkeit in Bezug auf Dehn- und Koordinationstraining weist der Proband durchschnittliche Voraussetzungen auf. Das Leichtathletiktraining im entsprechend frühen Lebensalter hat darauf vermutlich einen positiven Einfluss darauf genommen, da das Training jedoch 8 Jahre zurückliegt werden diese Einflüsse entsprechend vermindert worden sein. Gesundheitlich und orthopädisch liegen keinerlei Einschränkungen oder Behandlungen vor. Die Bedingungen für ein Dehntraining als auch ein Koordinationstraining sind daher ideal für einen Einsteiger ohne nennenswerte Vorerfahrung.

2   Beweglichkeitstestung

In der Diagnose, welche sich als Beweglichkeitstest beschreibt, wird die Grundlage für einen späteren Trainingsplan geschaffen. Der Test aus 5 Übungen, die nacheinander durchgeführt werden. Es gilt zu erwähnen, dass bei der Beweglichkeitstestung jeweils beide Körperseiten getestet werden. Dies wird nicht explizit nach jeder Übung in der folgenden Testbeschreibung erneut erläutert.

Bei der ersten Übung wird überprüft wie dehnbar der M. pectoralis major ist. Dies geschieht in dem sich die Testperson in Rückenlage auf die Liege hinlegt. Beide Beine werden angewinkelt und entgegen der Longitudinalachse unter dem Gesäß auf die Liege gesetzt. Die Liegehöhe wird so gewählt, dass lediglich der Arm seitlich von der Behandlungsliege in der Sagitalachse frei beweglich ist. Dieser freibewegliche Arm wird zur Testung der gleichseitigen Brustmuskulatur zu 90 Grad im Ellenbogengelenk angewinkelt. Als nächstes wird der Ellenbogen in eine waagerechte Achse mit dem Schultergelenk

4

gebracht und die Hand wird in der Longitudinalachse in den höchst möglichen Punkt gebracht unter der Vorrausetzung keine der vorherigen Anweisungen zu missachten. Für die Testung versucht der Proband mit dem Oberarm die Horizontale zu erreichen ohne dabei die Bewegung durch abfälschende Bewegungen zu erreichen. Gelingt dies handelt es sich um keine Beweglichkeitsdefizite (Stufe 0). Wenn dies nicht allein möglich ist, wird Selbiges mit einem Hilfsdruck durchgeführt (Stufe 1). Wird hier die Horizontale nicht erreicht, ist dies ein deutliches Beweglichkeitsdefizit (Stufe 2) (vgl. Janda, 2000, S. 270 f.).

Die zweite Übung soll die Dehnbarkeit des M. iliopsoas testen. Das Gesäß wird am Rand der Behandlungsliege platziert, so dass beide Beine komplett freibeweglich sind. Der Proband legt sich in Rückenlage auf die Behandlungsliege und zieht nun ein Bein beiden Armen möglichst nah an den Körper ohne dabei das Gesäß anzuheben. Das andere Bein hängt locker nach unten. Maßgeblich für die Beurteilung der Dehnbarkeit ist hier der Winkel, welcher zwischen dem angezogenen Oberschenkel zur Körpereben vorherrscht. Erreicht der Oberschenkel 90 Grad oder mehr ohne Hilfe ist das Ergebnis ideal (Stufe 0). Auch hier wird sofern dies nicht möglich ist durch eine Hilfsperson versucht die ideale Position zu erreichen (Stufe 1). Ein deutliches Beweglichkeitsdefizit liegt, wenn die gewünschte Ausgangsposition auch ohne Hilfe nicht erreicht werden kann (Stufe 2) (vgl. Janda, 2000, S. 258f.).

In einer weiteren Übung wird die Dehnbarkeit des M. rectus femoris getestet. Der Proband nimmt wieder in Rückenlage auf der Liege Platz. Das Gesäß berührt die Liege und die Beine sind freibeweglich. Der Oberkörper liegt auf der Behandlungsliege auf. Es wird wie in der vorherigen Testung wieder der Oberschenkel mit beiden Händen möglichst nah an den Körper gezogen, wobei das Gesäß nicht angehoben wird. Der Tester fixiert den Oberschenkel des Probanden in der Körperebene. Der Proband versucht mit der Ferse ohne Ausweichbewegungen möglichst nah in Richtung Gesäß zu ziehen. Die Betrachtung des Winkels im Kniegelenk gibt Auskunft über die Beweglichkeit im M. rectus femoris. Ist der Winkel im Kniegelenk auf der dorsalen Seite kleiner oder gleich 90 Grad und lässt er sich leicht durch den Tester leicht weiter verringern so liegt kein Beweglichkeitsdefizit vor (Stufe 0). Von leichten Bewegungsdefiziten ist die Rede sofern nur mit Hilfe des Testers der Proband die 90 Grad im Kniegelenk erreicht (Stufe 1). Ist dies auch mit externer Hilfe nicht möglich so handelt es sich um ein deutliches Bewegungsdefizit (Stufe 2) (vgl. Janda, 2000, S.258 f.).

5

Die nächste Übung testet die Dehnbarkeit der Mm. Ischiocrurales. Der Proband liegt mit dem ganzen Körper in Rückenlage auf der Behandlungsliege. Ein Fuß wird entgegen der Longitudinalachse auf die Liege gestellt, so dass das Gesäß sich nicht von der Liege erhebt und der Körper stabilisiert wird. Das andere Bein wird komplett durchgestreckt und wird ventral in die Luft gestreckt. Die Arme liegen am Körper neutral auf der Liege. Der Winkel in der Hüftachse auf ventraler Seite beobachtet. Ist bei komplett gestrecktem Bein ein Winkel von 90 Grad möglich so liegt keine Beweglichkeitsdefizit vor (Stufe 0). Werden 80 bis 90 Grad erreicht handelt es sich um leichte Beweglichkeitsdefizite (Stufe 1). Unter 80 Grad sind es deutliche Bewegungsdefizite (Stufe 2) (vgl. Janda, 2000, S.261 f.).

Die fünfte Testung bezieht sich auf die Mm. Triceps surae. Ausgangsposition des Probanden ist wie zuvor die Rückenlage auf der Liege. Ein Fuß wird wie in der vorherigen Testung entgegen der Longitudinalachse auf der Liege platziert. Der anderen Oberschenkel wird angehoben auf einen 45 Gradwinkel zwischen Oberschenkelrückseite und der Liege. Der Unterschenkel wird parallel zur Liege gehalten. Der Tester greift mit einer Hand von der Rückseite des Unterschenkels an das Sprungbein und den Knöchel. Der Daumen der anderen Hand wird aus distaler Richtung an die Fußfläche gehalten. Die restlichen Finger werden an der Außenseite in Ausrichtung zum Schienbein am Fuß angelegt. Eine Aussage über die Beweglichkeit der Mm. Triceps surae wird durch den Zug der Zehenspitzen in Richtung des Kniegelenks getroffen. Ist eine Dorsalextension möglich bei der Unterschenk und Fuß in einem 90 Gradwinkel aufeinander stehen hat der Proband keine Beweglichkeitsdefizite in diesem Bereich (Stufe 0). Ist dieser Winkel nicht zu erreichen, aber eine Dorsalextension möglich handelt es sich um leichte Defizite (Stufe 1). Deutliche Beweglichkeitsdefizite sind gegeben, wenn der Proband nur bis 10 Grad unter dem rechten Winkel zwischen Unterschenkel und Fuß kommt (Stufe 2) (vgl. Janda, 2000, S. 255).

Tab. 3: Ergebnis des Beweglichkeitstests nach Janda (eigene Darstellung)

Muskelgruppe der Übung	Testergebnis rechte Körperseite	Testergebnis linke Körperseite
M. pectoralis major	Stufe 0	Stufe 0
M. iliopsoas	Stufe 0	Stufe 0
M. rectus femoris	Stufe 1	Stufe 1
Mm. ischiocrurales	Stufe 0	Stufe 0
Mm. Triceps surae	Stufe 0	Stufe 0

Die Testergebnisse des Probanden sind mit einer Ausnahme sehr gut, da bis auf die Dehnbarkeit im M. rectus femoris in keiner der anderen Übungen ein Beweglichkeitsdefizit
vorliegt. Die Dehnbarkeit im M. rectus femoris weist leichte Bewegungsdefizite auf. Die
Testergebnisse spiegeln die sportliche Vorerfahrung als auch das Lebensalter des Probanden wieder.

3   Trainingsplanung Beweglichkeitstraining

Der Trainingsplan für den Probanden über einen Zeitraum von 12 Wochen beinhaltet 10
Übungen, welche 3-mal pro Woche als eigenständige Trainingseinheit durchgeführt wer-
den. Er ist auf das Ergebnis des manuellen Beweglichkeitstests angepasst, daher liegt der
Schwerpunkt auf dem M. rectus femoris.

Tab. 4: Trainingsplanung Dehntraining (eigene Darstellung)

Übungsdurchführung	Belastungs-gefüge	Musku-latur	Dehn-methode
Die Person liegt in Seitlage auf der Matte. Der Arm auf der Matte wird in Richtung des Kopfes nach oben durchgestreckt, dann wird der Kopf auf diesem abgelegt. Als nächstes wird das oben liegende Bein angewinkelt und in Richtung Po gezogen. Hierbei umfasst der obenliegende Arm das Bein knapp über dem Sprunggelenk und zieht das Bein in Richtung Gesäß in die Dehnung. Die Oberschenkel zeigen die ganze Übung über zueinander parallel in Richtung des unteren Mattenendes. Anschließend erfolgt ein Seitenwechsel	3 Serien zu jeweils 30s (Dehngrenze)	M. rectus femoris	Passiv-statisch
In der Ausgangsposition steht die Testperson aufrecht auf dem linken Bein und zieht den rechten Fuß mit angewinkeltem Bein in	3 Serien zu je 60s (2 Wiederholungen	M. rectus femoris	Postiso-metrisch

Übungsdurchführung	Belastungs-gefüge	Musku-latur	Dehn-methode
Richtung des Gesäßes. Das Standbein ist leicht angewinkelt. Die Arme werden beide (sofern kein Arm aus Balance Gründen zum Abstützen an der Wand benötigt wird) knapp oberhalb des Sprunggelenks angelegt und ziehen den Fuß zunächst in eine leichte Dehnposition. Dann wird das Bein isometrisch kontrahiert. Es folgt eine kurze Entspannungsphase und darauf wird die Dehnposition wieder eingenommen und gehalten. Nach diesem Durchlauf wird die Seite gewechselt	pro Bein), Isometrische Kontraktion 6s (Dehn-schwelle), Entspannung 2s, Statisches Halten 20s (Dehngrenze)		
In der Rückenlage wird ein Bein angewinkelt auf der Matte platziert. Das andere Bein wird mit den Händen in Richtung Oberkörper gezogen. Die Hände werden an der Rückseite des Oberschenkels knapp unterhalb des Kniegelenks positioniert. Nun wird das nach oben gestreckte Bein im Knie möglichst stark gestreckt und dann wiedergelockert. Nach einer entsprechenden Wiederholungszahl wird die Seite gewechselt.	3 Serien zu je 15 Wiederho-lungen (30s), an der Dehn-schwelle	M. bi-ceps femoris, M. semi-membra-nosus, M. se-mitendi-nosus	Aktiv-passiv-dyna-misch
Aus dem Stand wird das rechte Bein durchge-streckt und hinter der Hüfte auf der Matte plat-ziert. Das linke Bein wird angewinkelt und vorne abgestellt. Die Hände werden locker seitlich an der Hüfte platziert und der Oberkör-per beugt sich leicht nach vorne. Nun findet eine Schwerpunktlagerung in Richtung des vorderen Fußes statt wodurch sich eine Span-nung in der Wadenmuskulatur des hinteren Fu-ßes entwickelt. Wichtig dabei ist, dass wäh-rend dieser Übung beide Füße komplett auf der	2 Serien zu 45s (Dehn-grenze)	M. gast-rocne-mius, M. soleus	Passiv-statisch

Übungsdurchführung	Belastungs-gefüge	Musku-latur	Dehn-methode
Matte aufliegen. Nach der Dehnung wird die Seite gewechselt.			
Im Kniestand wird ein Bein hinten mit dem Knie auf der Matte abgestellt und die Zehenspitze berührt die Matte. Das andere Bein wird angewinkelt und vor dem Körper mit dem kompletten Fuß auf der Matte abgestellt. Beide Hände werden auf dem vorderen Oberschenkel abgelegt und durch Verlagerung des Schwerpunkts auf den vorderen Fuß wird der Lendendarmbeinmuskel gedehnt. Nach der Dehnung wird Seite die gewechselt.	2 Serien zu 30s (Dehnschwelle)	M. iliopsoas, M. rectus femoris	Passivstatisch
Aus dem Zweibeinstand werden beide Arme über den Kopf angehoben. Oben umfasst der rechte Arm das linke Handgelenk. Beide Arme sind leicht angewinkelt. In einer Beugung, welche nur auf der Querachse des Körpers stattfindet wird das Schultergelenk seitlich zum Hüftgelenk gezogen, das resultiert in einer Dehnung des Rumpfes auf der gegenüberliegenden Seite. Nach kurzem Halten der Spannung wird die Position wieder in Richtung Ausganshaltung verlassen. Nach entsprechenden Wiederholungen findet der Seitenwechsel statt	2 Serien zu 15 Wiederholungen zu 30s (Dehnschwelle)	M. latissimus dorsi, M. obliquus externus abdominis, M. obliquus internus abdominis	Aktivdynamisch
Aus dem Vierfüßlerstand wird die Muskulatur im Bauch komplett angespannt und die Wirbelsäule wird in der Horizontalen nach oben gewölbt. Diese Position wird entsprechend lange gehalten.	3 Serien zu 25s (Dehngrenze)	M. erector spinae	Aktivstatisch

9

Übungsdurchführung	Belastungs-gefüge	Musku-latur	Dehn-methode
Im hüftbreiten Zweibeinstand wird der rechte Arm vor dem Körper leicht angewinkelt. Die freie Hand wird knapp unterhalb des Ellenbogengelenks platziert und zieht den angewinkelten Arm auf der Schultereben in Richtung der linken Schulter bis es zur Dehnung der hinteren Schultermuskulatur kommt. Nach der Dehnung wird die Seite getauscht	3 Serien zu 30s (Dehn-grenze)	M. delto-ideus pars spinata, M. trapezius pars transversa	Passiv-Statisch
Ausgangsposition ist der schulterbreite Zweibeinstand, gerader Rücken und Kopf in Verlängerung der Wirbelsäule. Beide Arme werden nach oben gestreckt. Ein Arm wird abgewinkelt und die Faust zieht hinter dem Kopf in Richtung Schultergelenk. Die Hand des anderen Arms umfasst den Oberarm knapp unterhalb des Ellenbogengelenks und zieht diesen in der Körperebene nach unten. Nach dieser Dehnung wird die Seite gewechselt.	2 Serien zu 45s (Dehn-schwelle)	M. triceps brachii	Passiv-statisch
Im Stand werden zunächst beide Arme locker hängengelassen und der Kopf zieht in der Körperebene ohne dabei ein oder auf zu drehen seitlich in Richtung des rechten Schultergelenks bis eine leicht Dehnung im Kapuzenmuskelspüren ist. Die rechte Hand unterstützt den Kopf vorsichtig bis im Kapuzenmuskel die Dehngrenze erreicht wird. Nach der Dehnung wird die Seite gewechselt.	2 Serien zu 45s (Dehn-grenze)	M. trapezius	Passiv-statisch

Der Schwerpunkt des Dehntrainings wurde auf den M. rectus femoris gelegt, da der Beweglichkeitstest leichte Defizite vorgewiesen hat. Der Schwerpunkt wird in der Trainingsplanung deshalb als erstes und mit auffallend hoher Intensität behandelt.

Es wurden Großteils passiv-statische Übungen gewählt, da es sich beim Probanden um einen Sportler ohne hohe Vorkenntnisse handelt. Die Dehndauer befindet sich immer unter 45 Sekunden, da längeres Dehnen keinen nachgewiesenen Mehrwert bietet (Schönthaler & Ohlendorf, 2002). Bei den aktiven Dehnübungen wurde der Rahmen von maximal 15 Wiederholungen pro Satz eingehalten, da ab einer höheren Wiederholungsanzahl kein nennenswerter Vorteil entsteht (Freiwald, 2009). Die Dehnintensität wurde generell relativ hoch gewählt, da diese effektiver ist (Marschall, 1999) und dem Trainierenden unter sämtlichen personenspeifischen Einflussfaktoren zumutbar ist. Allerdings wurde berücksichtigt, dass sich beim Probanden um einen im Dehntraining unerfahrenen Sportler handelt. Die Trainingsmotive Leistungssteigerung im Kraftsport und Erhalt der Beweglichkeit können mit diesem umfassenden Dehntraining in der angegebenen Frequenz gewährleistet werden. Eine höhere Frequenz wird über Dauer die Leistungsfähigkeit im Kraftsport senken und eine niedrigere Frequenz wäre nicht sinnvoll, da die Effektivität des Trainings darunter leidet.

4 Trainingsplanung Koordinationstraining

In der dargestellten Trainingsplanung wird der Aspekt des Gleichgewichtstrainings besonders hervorgehoben. Das Training wird genutzt, um das Bewegungsrepertoires neben der bereits vorhanden Vorerfahrung und dem aktuellen Kraftsport größtmöglich zu erweitern. In diesem Sinne wurde auch auf Krafttrainings innerhalb der Trainingsplanung weit möglichst verzichtet.

Tab. 5: Trainingsplanung Koordinationstraining (eigene Darstellung)

Übung	Ausführung
Übung 1	Hüftbreiter neutraler beidbeiniger stabiler Stand auf dem Balance Pad, Schulter leicht nach hinten gezogen, leicht angewinkelte Knie, Körperspannung wird aufgebaut, das Gewicht wird zunächst auf beide Beine verlagert, das Gewicht wird dann kontrolliert nach vorne verlagert, nach 10s wird in die Ausgangsposition zurückgekehrt, dieser Prozess wird jetzt erneut in der entgegengesetzten Richtung durchgeführt
Übung 2	Hüftbreiter neutraler beidbeiniger stabiler Stand auf dem Balance Pad, Schulter leicht nach hinten gezogen, leicht angewinkelte Knie,

Übung	Ausführung
	Körperspannung wird aufgebaut, das Gewicht wird zunächst auf beide Beine verlagert, das Gewicht wird dann kontrolliert nach rechts verlagert, nach 10s wird in die Ausgangsposition zurückgekehrt, dieser Prozess wird jetzt erneut in der entgegengesetzten Richtung durchgeführt
Übung 3	Stabiler Einbeinstand auf dem Balance Pad, das freie Bein wird leicht angewinkelt, die Arme werden angewinkelt und die Hände knapp oberhalb der Hüfte platziert, das Gewicht wird dann kontrolliert nach vorne verlagert, nach 15s wird in die Ausgangsposition zurückgekehrt, dieser Prozess wird jetzt erneut in der entgegengesetzten Richtung durchgeführt
Übung 4	Stabiler Einbeinstand auf dem Balance Pad, das freie Bein wird leicht angewinkelt, die Arme werden angewinkelt und die Hände knapp oberhalb der Hüfte platziert, das Gewicht wird dann kontrolliert nach rechts verlagert, nach 15s wird in die Ausgangsposition zurückgekehrt, dieser Prozess wird jetzt erneut in der entgegengesetzten Richtung durchgeführt
Übung 5	Hüftbreiter neutraler beidbeiniger stabiler Stand auf dem Balance Pad, leicht angewinkelte Knie, vor dem Körper wird nun ein Basketball geprellt, dabei wechselt sich die rechte mit der linken Hand nach jedem Ballkontakt ab, es wird 10 mal vor dem Körper der Ball auf den Boden geprellt
Übung 6	Hüftbreiter neutraler beidbeiniger stabiler Stand auf dem Balance Pad, leicht angewinkelte Knie, vor dem Körper wird nun ein Basketball geprellt, dabei wechselt sich die rechte mit der linken Hand nach jedem Ballkontakt ab, es wird 15 mal vor dem Körper der Ball auf den Boden geprellt, während der kompletten Übungsausführung bleiben die Augen geschlossen
Übung 7	Stabiler Einbeinstand auf dem Balance Pad, das freie Bein wird leicht angewinkelt, vor dem Körper wird nun ein Basketball geprellt, dabei wechselt sich die rechte mit der linken Hand nach jedem Ballkontakt ab, es wird 15 mal vor dem Körper der Ball auf den Boden geprellt

Übung	Ausführung
Übung 8	Stabiler Einbeinstand auf dem Balance Pad, das freie Bein wird leicht angewinkelt, vor dem Körper wird nun ein Basketball geprellt, dabei wechselt sich die rechte mit der linken Hand nach jedem Ballkontakt ab, es wird 20 mal vor dem Körper der Ball auf den Boden geprellt, während der kompletten Übungsausführung bleiben die Augen geschlossen
Übung 9	Stabiler Einbeinstand auf dem Balance Pad, das freie Bein wird leicht angewinkelt, vor dem Körper wird nun ein Basketball geprellt, dabei wechselt sich die rechte mit der linken Hand nach jedem Ballkontakt ab, es wird 20 mal vor dem Körper der Ball auf den Boden geprellt, auf das Kommando „Stop" wird der Ball in beiden Händen festgehalten für 3 Sekunden, danach wird der Ball vor dem Körper weiter geprellt bis das nächste Kommando gegeben wird oder die Wiederholungsanzahl erreicht ist, während der kompletten Übungsausführung bleiben die Augen geschlossen
Übung 10	Stabiler Einbeinstand auf dem Balance Pad, das freie Bein wird leicht angewinkelt, vor dem Körper wird nun ein Basketball geprellt, dabei wechselt sich die rechte mit der linken Hand nach jedem Ballkontakt ab, es wird 20 mal vor dem Körper der Ball auf den Boden geprellt, auf das Kommando „Stop" wird der Ball in beiden Händen festgehalten und der der Trainingspartner tauscht den Basketball gegen einen anders beschaffenen Ball (Volleyball oder Fußball) so schnell als möglich aus, danach wird der Ball vor dem Körper weiter geprellt bis das nächste Kommando gegeben wird oder die Wiederholungsanzahl erreicht ist, während der kompletten Übungsausführung bleiben die Augen geschlossen

Tab. 6: Belastungsgefüge Koordinationstraining (eigene Darstellung)

Übung	Wiederholungsanzahl/ Dauer	Sätze	Pausen zwischen einzelnen Sätzen	Einheiten pro Woche
Übung 1	10s pro Seite	2	30s	3
Übung 2	10s pro Seite	3	30s	3
Übung 3	15s pro Seite	3	45s	3

Übung 4	15s pro Seite	4	45s	3
Übung 5	10 Wiederholungen	2	30s	3
Übung 6	15 Wiederholungen	3	45s	3
Übung 7	15 Wiederholungen	3	45s	3
Übung 8	20 Wiederholungen	4	60s	3
Übung 9	20 Wiederholungen	4	60s	3
Übung 10	20 Wiederholungen	4	60s	3

Die Auswahl der Übungen mit Focus auf die Koordination der oberen Extremitäten ist durch die sportliche Erfahrung, die sich durch das Radfahren und Leichtathletik und der damit zusammenhängenden Koordination der Beine, zu begründen. Das Motiv der Vergrößerung des Bewegungsrepertoire wird so verfolgt. Bei der Auswahl der Übungen wurden zunächst einfache Varianten gewählt, welche dann durch komplexere ähnliche Übungen abgelöst wurden. Im Detail wurde zunächst die Wahrnehmung verbessert (Übung 1 bis 4 und 5 bis 6) und später wurden diese zu zunehmend komplexeren Übungen weiterentwickelt. Eine Steigerung von offenen zu geschlossenen Augen als auch eine Entwicklung von größerer zu kleiner Unterstützungsfläche ist durch den Einbeinstand entstanden (Chwilkowski, 2006, S. 56-58). Es wurde vom Propriozeptionstraining über die Statische und dynamische Balance bis hin zur Bewegungsvielfalt- und -qualität jede Übung auf die andere aufgebaut (vgl. Froböse, Nellessen & Wilke, 2007, S70). Es wurden motorisch-koordinative Druckbedingungen wie Zeitdruck, Organisationsdruck und Variabilitätsdruck genutzt, um ein anspruchsvolles Training zu gestalten.

5 Literaturrecherche

Dieser Abschnitthandelt von Literaturrecherche von zwei Studien mit dem Thema „Effekte des Dehnens im Hinblick auf eine Verbesserung der sportlichen Leistungsfähigkeit".

Tab. 7: Literaturrecherche

Aspekt	Studie 1 „Static stretching does not reduce variability, jump and speed performance"	Studie 2 „The acute effects of various types of stretching dynamic, ballisitc, and no stretch of the iliopsoas on 40-yard sprint times in recreational runners"
Wer hat die Studie durchgeführt?	Fábio Carlos Lucas de Oliveira und Luís Manuel Pinto Lopes Rama von der Fakultät für Sportwissenschaften und Bewegungserziehung aus dem Forschungszentrum für Sport und Bewegung der Universität Coimbra (Portugal) (Oliveira & Rama, 2016)	Harvey W. Wallmann, Scott D. Christensen, Craig Perry und Donald L. Hoover. Diese Studie wurde für die Hochschule für Gesundheit und Sozialwesen in Western Kentucky durchgeführt (Wallmann, Christensen, Perry & Hoover, 2012).
Wann wurde die Studie publiziert?	April 2016	Oktober 2012
Mit welchen Versuchspersonen wurde sie durchgeführt?	Mit 22 gesunden trainierten Sportlern im Alter von 17,2 bis 28,2 Jahren (Durchschnittsalter: 23,2)	Mit 25 gesunden Amateur Läufern (9 Frauen und 16 Männern) im Altern von 24 und 35 (Durchschnittsalter:26,76)
Wie sah der Versuchsaufbau aus?	Es wurden 2 Tests durchgeführt mit den kompletten 22 Testpersonen im Abstand von 48 Stunden. Bei der ersten Testung haben die Teilnehmer nach einem 1o-minütigen dynamischen Aufwärmtraining die Testübungen durchgeführt. Im zweiten Versuch wurde vor den Testübungen	Es wurden wiederholte Messungen durchgeführt. Darin war ein 40-yard Sprint mit sofort folgenden 4 unterschiedlichen Dehnmethoden für den M. iliopsoas. Jede Übung dauert 1 Minute. Die 4 unterschiedlichen Methodiken wurden in zufälliger Reihenfolge in einem 2 Wochen Zyklus durchgeführt. Zwischen jeder

15

Aspekt	Studie 1 „Static stretching does not reduce variability, jump and speed performance"	Studie 2 „The acute effects of various types of stretching dynamic, ballisitc, and no stretch of the iliopsoas on 40-yard sprint times in recreational runners"
	und nach dem dynamischen Aufwärmen ein 5-minütiges Dehnen durchgeführt. Die Testübungen beinhalteten 3 20m Sprints und 3 Counter Movement Jumps (Squat Jump mit Auftaktbewegung). Das Dehnprogramm enthielt 5 Dehnübungen für die Beine	Methode lagen 48-72 Stunden. Vor der 40-yard Sprinttestung wurde ein 5-minütiges Warmlaufen mit 3,5 Meilen pro Stunde auf dem Laufband durchgeführt. Darauf wurde ein 40-yard Sprint durchgeführt. Dann folgte ein 10-minütiges Auslaufen mit selbstbestimmtem Tempo und anschließend wurde ballistisches, dynamisches, statisches oder kein Dehnen durchgeführt. Sofort danach wurde die Testung mit einem erneuten 40-yard Sprint durchgeführt.
Welche relevanten Ergebnisse und Schlussfolgerungen lieferte die Studie?	Die Leistungsfähigkeit bei trainierten Sportlern wird durch statisches Dehnen vor dem Leistungsabruf im 20m Sprint und dem Counter Movement Jump nicht signifikant verbessert oder verschlechtert. Das Dehnen hat in diesem Fall keinen deutlichen Effekt bewirkt was die Leistungsfähigkeit betrifft.	Es wurde keine signifikante Verbesserung in der Spritzeit durch Dehnen festgestellt. Lediglich bei der Gruppe, welche keine Dehnung durchgeführt hatte, war eine Leistungsverbesserung messbar. Um die Sprintleistung zu Verbessern ist ein generelles Aufwärmen auf dem Laufband sinnvoller.

6   Literaturverzeichnis

Chwilkowski, C. (2006). *Medizinisches Koordinationstraining. "Verbesserung der Haltungs- und Bewegungskoordination durch Propriozeption"* (2. Aufl.). Köln: Dt. Trainer-Verl.

Freiwald, J. (2009). *Optimales Dehnen. Sport, Prävention, Rehabilitation.* Balingen: Spitta-Verl.

Froböse, I., Nellessen, G. & Wilke, C. (Hrsg.). (2007). *Training in der Therapie. Grundlagen und Praxis ; mit 57 Tabellen* (2., überarb. Aufl., [Nachdr.]. München: Urban & Fischer.

Janda, V. (Hrsg.). (2000). *Manuelle Muskelfunktionsdiagnostik* (4., überarb. und erw. Aufl., [Nachdr.]. München: Elsevier Urban & Fischer.

Marschall. Wie beeinflussen unterschiedliche Dehnintensitäten kurzfristig die Veränderung der Bewegungsreichweite? *Deutsche Zeitschrift für Sportmedizin, 1999* (50 (1)), 5–9.

Oliveira, F. C. L. de & Rama, L. M. P. L. (2016). STATIC STRETCHING DOES NOT REDUCE VARIABILITY, JUMP AND SPEED PERFORMANCE. *International journal of sports physical therapy, 11* (2), 237–246.

Schönthaler, S. R. & Ohlendorf, K. (2002). *Biomechanische und neurophysiologische Veränderungen nach ein- und mehrfach seriellem passiv-statischem Beweglichkeitstraining* (Wissenschaftliche Berichte und Materialien / Bundesinstitut für Sportwissenschaft, Bd. 2002,3). Köln: Sport und Buch Strauss.

Wallmann, H. W., Christensen, S. D., Perry, C. & Hoover, D. L. (2012). The acute effects of various types of stretching static, dynamic, ballistic, and no stretch of the iliopsoas on 40-yard sprint times in recreational runners. *International journal of sports physical therapy, 7* (5), 540–547.

7   Abbildungs- und Tabellenverzeichnis

7.1   Tabellenverzeichnis

7.2   Abkürzungsverzeichnis

kg	Kilogramm
M.	Musculus
Mm.	Musculi
s	Sekunden
m	Meter